Date Due

15966

AP 26 77			
4954			
Jun 3 77			
21245			
De 31 77			
Fe 25 '7?			

15832

j759.11   Tanobe, M.
Tanob   Québec, je t'aime.
             Québec, I love you.

                              1095

21245			
De 31 77			
07234			
Fe 25 '7?			
07664?			
Mr			

Sur le mont Royal   *On Mount Royal*

Publié au Canada par
Les Livres Toundra de Montréal
Montréal, Québec   H3G 1J6
ISBN 0-88776-072-4
Dépôt légal, 3e trimestre
Bibliothèque nationale du Québec

Publié aux Etats-Unis par
Tundra Books of Northern New York
Plattsburgh, New York 12901
ISBN 0-912766-42-5
Fiche de la Library of Congress no 76-23273

Texte de Miyuki Tanobe avec Maurice Savignac

Diapositifs: A. Kilbertus. Typographie: Service Typographique, Montréal — Caractères Garamond, corps 14. Imprimé au Canada par Pierre Des Marais, Montréal. Relié par A. Horowitz & Son. Maquette: Molly Pulver.

Pour la compilation et l'édition du présent volume, les Livres Toundra (Inc.) ont puisé à la subvention globale que le Conseil des Arts leur a accordée pour l'année 1976.

Published in Canada by
Tundra Books of Montreal
Montreal, Quebec   H3G 1J6
ISBN 0-88776-072-4
Legal Deposit, Third Quarter
Quebec National Library

Published in the United States by
Tundra Books of Northern New York
Plattsburgh, New York 12901
ISBN 0-912766-42-5
Library of Congress Card No. 76-23273

Text by Miyuki Tanobe with Maurice Savignac

Transparencies by A. Kilbertus. Typeset by Typographic Service, Montreal, in 14 on 16 point Garamond. Printed by Pierre Des Marais, Montreal. Bound by A. Horowitz & Son. Design by Molly Pulver.

Tundra Books Inc. has applied funds from its Canada Council block grant for 1976 toward the editing and production of this book.

québec

je t'aime   *i love you*

miyuki tanobe

livres toundra  tundra books

avant-propos   foreword

Une neige épaisse recouvrait les toits des maisons de mon village quand je suis venue au monde et que j'ai lancé mon premier cri. Mon père m'accueillit avec joie même s'il aurait bien voulu un garçon. Cette nuit-là, il avait été particulièrement impressionné par les pins aux branches tourmentées, si typiques au Japon, qui ployaient sous le poids de la neige comme sur une estampe du célèbre Hiroshige. Il décida alors de m'appeler Miyuki: *yuki* voulant dire neige en japonais et *mi* signifiant profonde. J'étais la deuxième fille et l'enfant qui vint par la suite fut une autre sœur.

Je repense souvent à ma naissance quand l'hiver règne en maître sur les champs et les rivières gelées du Québec et quand il décore les villes de glaçons qui pendent aux corniches. Tous ces décors silencieux me sont familiers. On peut dire que j'ai été prédestinée pour vivre dans un pays de neige même si le chemin qui m'a menée au Québec a été long et plein d'imprévus.

Kamakura, la ville de mon enfance, est située à 70 kilomètres de Tokyo. On peut y admirer un superbe et gigantesque Bouddha de bronze, qui date de 1257, et on aime se promener dans ses jolies petites rues, témoins d'un passé artistique et

A blanket of heavy snow covered the roofs in my village the day I arrived in this world. My father welcomed me with joy even though he would have preferred a boy. That night, he was particularly moved by the gnarled branches of the pine trees, so typical to Japan, as they bent under the weight of the snow — just as in a print of the famous artist Hiroshige. He decided then and there to call me Miyuki: *yuki* means snow in Japanese and *mi* means deep. I was the second daughter, and the child born after me was another sister.

I think often about my birth when winter holds sway over the fields and rivers of Quebec and decorates the cities with icicles from the roof edges. All those silent touches are familiar to me. One could say that I was predestined to live in a snow-filled country, even though the road that led me to Quebec was long and full of unexpected detours.

Kamakura, the city where I passed my childhood, is 45 miles from Tokyo. It has a magnificent huge bronze statue of Buddha that dates from 1257, and people like to walk its pretty little streets that tell of its artistic and literary past. My family was interested in the arts. My father, an eye

littéraire. D'ailleurs, ma famille a le goût de arts. Mon père est ophtalmologiste et il a deux passions: le violon et les vieilles estampes japonaises. Ma mère chantait et jouait du koto, sorte de cithare à treize cordes. Mes deux sœurs ont également le sens de la musique: l'une est devenue violoniste à New York, l'autre sera professeur de piano au Japon.

Quant à moi, je voulais devenir peintre. Après avoir terminé mes beaux-arts, je quittai le Japon pour me rendre à Paris. C'était durant l'hiver 1963-1964. J'y passai trois années enrichissantes mais je ne fis alors entrer aucun personnage dans mes tableaux. Même si l'atmosphère du Boul'Mich où je vivais débordait de vitalité à cause de la présence des étudiants, je ne peignais que rues, ruelles et maisons. C'est seulement quand je découvris la Grèce, son soleil et ses îles que j'ai commencé à m'intéresser aux gens.

Je me souviens fort bien de mon premier portrait. Dans un vieux quartier d'Athènes, j'ai rencontré près d'une taverne un gros bonhomme à moustaches et au ventre débordant qui vendait de la gomme à mâcher. Chaque fois que je venais dans ce quartier pour y faire des croquis, il ne manquait jamais de me saluer, les yeux moqueurs. Un jour, il m'offrit de la gomme. Elle n'avait aucun goût mais j'en profitai pour lui demander la permission de faire son portrait. Il accepta. J'appris avec étonnement par la suite qu'il était un *pusher*, c'est-à-dire un passeur de drogues.

Je n'en avais pas moins réussi à vaincre mon inhibition d'introduire des personnages dans mon œuvre. C'est alors que je compris toute l'importance de cette chaleur humaine qui m'entourait: les joueurs de *bouzouki* à la terrasse des cafés, les chanteurs et les danseurs dans la rue, les gens qui s'attardent à boire un verre, la foule en manches de chemise, les amoureux qui se bécottent dans les ruelles et même les bambins faisant pipi près des tables de restaurant. Maintenant, je n'arrêtais plus de mettre sur mes toiles cette vie quotidienne si riche d'humanité.

doctor, still has two great passions: the violin and old Japanese prints. My mother sang and played the koto, a kind of zither with thirteen strings. My two sisters also have a talent for music: one is a violinist in New York City, and the other intends to teach piano in Japan.

I decided to become a painter. After I finished my art studies I left Japan for Paris. That was during the winter of 1963–1964. I spent three years there but I never allowed a single human being to appear in my paintings. Even though the atmosphere of the Boul'Mich where I lived throbbed with life because of the students, I painted only streets, lanes and houses. It wasn't until I discovered Greece, its sun and its islands, that I started to take an interest in people.

I remember very clearly the first person I painted. In an old quarter of Athens, near a tavern, I met a huge man with a moustache and a stomach that hung out. He sold chewing gum. Every time I came to that district to sketch, he greeted me with mocking eyes. One day he offered me some gum. It had no flavor whatever but it did give me an excuse to ask if I might sketch him, and he agreed. I was to learn later, much to my surprise, that he was a drug pusher.

At least I had overcome my inhibition against putting people in my paintings and I began to understand the importance of the human warmth around me: the bouzouki players on the terraces of the cafés, the singers and dancers in the street, the people who stopped to take a glass of wine, the crowd in shirtsleeves, the lovers who embraced in the laneways and even the children wetting beside the tables in the restaurant. From then on I never stopped putting this daily life, so rich in humanity, into my paintings.

I returned to Paris, my head full of these new riches. There in one of those shaky little elevators that look like birdcages I met a French Canadian, who, a few years later, would become my husband. On his return to Canada he sent me

Puis je suis retournée à Paris, la tête pleine de cette nouvelle richesse. C'est alors que j'ai rencontré un Canadien français dont j'ai fait la connaissance dans l'un de ces ascenseurs parisiens tout branlants qui ressemblent à une cage d'oiseau. Il devait devenir mon mari quelques années plus tard. Dès son retour au Canada, il m'envoya des tas de livres sur le Québec, sa géographie, son histoire, ses artistes. J'avais bien envie de venir tout de suite mais je dus retourner au Japon. Puis je revins en Grèce et visitai ensuite l'Afrique, avant de débarquer à l'aéroport de Dorval, par un bel après-midi de juin 1971.

Je louai un logement en face du parc Lafontaine, sur la rue Sherbrooke, et je partis immédiatement à la découverte du Québec. Avec l'aide de mon Canadien français, je fréquentai les bibliothèques à la recherche des contes et légendes du Québec, je visitai de nombreuses galeries d'art, j'explorai Montréal de long en large en touriste peu pressée: la place d'Armes et l'église Notre-Dame, tout le Vieux-Montréal, l'église et le marché Bonsecours, le château de Ramezay, résidence du dernier gouverneur de la Nouvelle-France et même, pendant une courte période, celle de Benjamin Franklin. J'ai voyagé aussi jusqu'au lac Saint-Jean où j'ai vu le village fantôme de Val-Jalbert et j'ai parcouru la Gaspésie et la Côte-Nord. Que de visions j'en ai ramenées!

Mais j'ai été plus particulièrement fascinée par les maisons des quartiers ouvriers de Montréal, avec leurs murs de briques rouges, leurs toits verts, les balcons et les escaliers extérieurs de toutes les sortes: Saint-Henri, la Petite Bourgogne, "le faubourg à la m'lasse" près du parc Lafontaine, la *Main* ou boulevard Saint-Laurent... Les petites épiceries et les restaurants du coin, les ruelles où retentissent les cris d'enfants pleins de vie, les cordes à linge sur les galeries, les mères de famille au travail et ne quittant pas des yeux leur progéniture, les enfants qui font du patin à glace, de la traîne sauvage et des bonshommes de neige. A Québec aussi j'ai fait ces mêmes découvertes dans la basse-ville qui

piles of books on Quebec, its geography and history, and its artists. I longed to go there right away but I felt I had to return to Japan. Then I went back to Greece and also visited Africa, before that lovely afternoon in June 1971 when I got off a plane at Dorval Airport in Montreal.

I rented a flat on Sherbrooke Street facing Lafontaine Park and immediately started on my discovery of Quebec. With the help of my French-Canadian friend, I went to libraries to study the stories and legends of Quebec, I visited art galleries, I explored the length and breadth of Montreal like an unhurried tourist: Place d'Armes, and Notre Dame Church; the Old City — Bonsecours Church and Market, Chateau de Ramezay where the last governor of New France and even Benjamin Franklin lived. I also traveled up to Lac Saint-Jean where I saw the phantom village of Val-Jalbert and I wound my way through Gaspé and the North Shore. How many memories I brought back!

But I was most fascinated by the houses in the working-class districts of Montreal with their walls of red brick, their green roofs, their balconies and outside staircases of all shapes: Saint-Henri, Little Burgundy, the district near Lafontaine Park known as the "molasses quarter," the Main or St. Lawrence Boulevard with its little groceries and corner restaurants, the backlanes with the lively shouts of the children, the clotheslines on the back balconies, the mothers working as they kept an eye on their children, and children skating, tobogganing, building snowmen. In Quebec City I made the same discoveries in Lower Town, which is particularly splendid during the winter carnival because of its extraordinary exhibition of ice sculptures.

I often ask myself where I get this insatiable interest in the daily lives of people. It's something I was never taught; but I feel an inner need to get to know them, to talk to them, to listen to them and to understand them. At night before I go to sleep, I still think about them.

s'enrichit en plus, pendant le Carnaval, d'une extraordinaire exposition de sculptures de glace.

Je me demande souvent ce qui m'a poussée à m'intéresser autant aux gens dans leur vie quotidienne. C'est quelque chose qu'on ne m'a jamais enseigné. Je ressens comme un besoin intérieur de faire leur connaissance, de leur parler, de les écouter et de les comprendre. Le soir, avant de m'endormir, je pense encore à eux.

Et je suis fort peinée de voir démolir toutes ces maisons qui ont inspiré tant de mes tableaux. Lors d'une de mes expositions dans une galerie de Montréal, un monsieur vint me parler en cachant quelque chose derrière son dos:

"Sans le savoir, vous m'avez redonné la vie. Je suis médecin et je suis né sur la rue Robin, près de la rue Amherst, en plein 'faubourg à la m'lasse'. Vous avez peint ma maison natale juste avant qu'on la démolisse", me dit-il en pointant du doigt l'un de mes tableaux dont la technique nihonga rendait assez bien la texture des briques. "C'est vrai, il n'en reste plus rien, continua-t-il, mais j'en ai gardé un souvenir qui m'est précieux. Le voici . . ."

Les larmes aux yeux, le docteur me montra alors une vieille brique, toute écornée et tachée de ciment, qu'il plaça à côté du tableau en disant: "C'est tout ce qu'il me reste de mon enfance . . ."

Mon Dieu, ce jour-là, comme j'étais fière de moi!

I have been very saddened to see houses that have inspired so many of my paintings being demolished. At one of my exhibitions in a Montreal art gallery, a man came up to speak to me; I noticed he was hiding something behind his back.

"Without knowing it, you have given life back to me," he said. "I am a doctor and I was born on Robin Street, near Amherst, right in the center of the molasses quarter. You painted the house where I was born just before it was demolished." He pointed a finger at one of my paintings where the *nihonga* technique had captured the texture of the bricks. "Nothing of it remains," he went on, "but I kept a souvenir that is very precious to me. I have it here."

With tears in his eyes, the doctor brought out an old brick, all chipped and spotted with cement which he placed beside my painting. "This is all that remains of my childhood," he said.

My, but I felt proud of myself that day.

Un beau sapin pour Noël   *Bringing home the tree*

Le sapin de Noël

A l'approche des Fêtes, c'est la saison de l'arbre de Noël. Dans les villes japonaises, depuis la fin de la guerre, il est de mode de s'acheter un sapin... mais artificiel et un tout petit! A l'époque de la Noël, on voit s'entasser les gens dans le métro de Tokyo ou dans les trains de banlieue avec ces petits semblants de verdure, pliés et enroulés, ressemblant à des parapluies.

Quelle différence avec le Québec où l'arbre de Noël est un vrai sapin tout vert! Riches ou pauvres, les familles québécoises ont à cœur d'avoir chacune leur arbre de Noël. Un mois avant cette fête, on voit déjà arriver en ville des camions pleins de sapins empilés les uns sur les autres. Le dimanche soir, on croise aussi des voitures familiales qui, au retour d'une promenade à la campagne, ont sur leur toit ou dans le coffre arrière un bel arbre fraîchement coupé. On en vend également un peu partout dans la rue, sur les terrains vagues, dans les cours. Çà et là, on aperçoit des gens de toute sorte qui tirent derrière eux ou portent sur l'épaule le sapin qu'ils viennent d'acheter.

Je voulais absolument croquer sur le vif l'une de ces scènes typiques. Je n'ai pas eu à chercher bien longtemps. Au détour d'une ruelle, j'ai découvert un papa traînant fièrement dans la neige un magnifique sapin. Il l'amena dans la cour où jouaient ses enfants qui l'accueillirent en héros! Il n'y avait peut-être pas de soleil ce jour-là mais tout l'environnement fut illuminé par cet enthousiasme: le vieux réfrigérateur et le pneu usagé, la clôture fatiguée et branlante, l'escalier et le balcon de bois, le hangar en tôle recouverte d'une peinture toute écaillée semblèrent vibrer un moment de la joie de tous.

The Christmas tree

The approach of the winter holidays means Christmas tree time. In Japanese cities since the end of the war, it has become fashionable to buy a tree — but an artificial one and very tiny. Toward Christmas crowds of people can be seen on the subway in Tokyo or on trains to the suburbs carrying these little green imitations, folded and rolled up like umbrellas.

What a difference in Quebec where the Christmas tree is a real evergreen. Every Quebec family, rich or poor, wants its own tree. A month before Christmas, trucks arrive in the city full of trees piled one on top of the other. On Sunday-nights, family cars return from a trip to the country carrying a freshly cut tree on their roof or in their trunks. Trees are also sold almost everywhere on the streets, on empty lots and in yards. People pull newly bought trees behind them or carry them on their shoulders.

I absolutely had to do a live sketch of one of these typical scenes. I didn't have to search very long. Turning into a laneway, I discovered a father proudly pulling a magnificent evergreen along in the snow. He brought it into the backyard where the children were playing, and they gave him a hero's welcome. There was hardly any sun that day but the whole place glowed from their enthusiasm. The old refrigerator and the worn tire, the rickety fence, the wooden staircase and balcony, the metal shed with its peeling paint — for a moment everything seemed to vibrate with the happiness of it all.

rues et ruelles

streets and lanes

Les élections dans Saint-Louis

Par un beau samedi matin d'octobre 1973, je traversais à pied le quartier Saint-Louis pour me rendre chez une amie. Partout sur les murs, il y avait une explosion d'affiches et de pancartes de toutes les couleurs, surtout aux endroits où c'était écrit "Ne pas afficher".

Le Québec venait de décréter des élections générales et la campagne électorale battait son plein dans ce comté montréalais. Tout le quartier était en effervescence.

Donc, ce matin-là, l'animation était à son comble. Jusqu'alors on n'apercevait sur les murs et dans les vitrines que des annonces de Kik, de Coca-Cola ou de 7-Up. Mais, aujourd'hui, les affiches électorales baignaient le quartier dans une atmosphère bien spéciale. Les portraits des candidats offraient aux électeurs des visages sérieux ou des sourires qui s'efforçaient d'être convaincants. On voyait aussi des bannières qui pendaient aux balcons. Dans la rue, tout le monde parlait avec force gestes mais on discutait avec encore plus d'ardeur chez l'épicier ou chez le boulanger, sans oublier à la taverne

Elections in St. Louis

One lovely Saturday morning in October 1973, I was passing through the St. Louis district of Montreal on the way to a friend's house, and was astonished to see an explosion of posters and placards in all colors everywhere on walls, particularly on those spots where someone had written: "Post no bills."

Quebec had just announced a general election, and the campaign was in full swing in that Montreal ward.

On that particular morning, excitement was at its peak. Where until then only signs for Kik, Coca-Cola and 7-Up covered the walls, now election posters bathed the district in a special atmosphere. Photographs of candidates presented voters with either very serious faces or smiles that tried to look convincing. Banners hung from balconies. In one street, everybody seemed to be talking and waving their arms, most of all at the grocery and the bakery — not to mention the tavern where the noise of conversations between men only was particularly loud.

où le brouhaha des conversations entre hommes seulement était particulièrement fort.

Chaque fois que je passais devant une liste électorale clouée bien en vue sur un poteau quelconque, je m'en approchais par curiosité pour la feuilleter afin d'y lire le nom et l'occupation des électeurs inscrits. Puis j'arrivai devant le comité d'un des candidats et je me mis à bavarder avec l'un de ses organisateurs qui me raconta quelques anecdotes pleines de saveur électorale.

Ainsi il est d'usage qu'un candidat loue une boutique vacante pour y installer son quartier général. En retour du prix de location, le propriétaire s'engage non seulement à voter pour le candidat mais aussi à entraîner avec lui ses locataires. Mais il arrive parfois qu'il y ait désaccord et qu'un locataire loue son balcon au candidat du parti adverse. Une belle chicane en vue!

Cette fois-là, le propriétaire avait insisté pour que sa locataire enlève la bannière du ''mauvais'' candidat: après tout, c'est sa maison à lui ... La locataire ne voulait rien entendre car c'est elle qui paie le loyer: elle est maître chez elle. Chacun criait son bon droit aux oreilles de l'autre, à la grande joie de tous les voisins. On appela finalement la police pour calmer les esprits. Feu rouge clignotant et sirène hurlante, la voiture des policiers arriva en trombe, immédiatement entourée par une bande de gamins fort intéressés par le spectacle et bloquant la rue avec leurs bicyclettes.

L'organisateur ne m'a pas dit comment s'était terminée cette intervention des forces de l'ordre mais quelle importance puisque chacun jouait son rôle au sérieux!

De retour dans mon atelier de Saint-Antoine, je n'ai eu qu'à fermer les yeux pour imaginer cette scène pittoresque et pour recréer la fièvre électorale qui régnait ce matin-là dans ce coin du comté Saint-Louis.

Every time I passed a voters' list nailed to a pole, curiosity made me leaf through it and read the name and occupation of each of the eligible voters. I arrived in front of the committee room of one of the candidates and chatted with one of the organizers who told me several colorful stories of past elections.

It is customary for a candidate to rent a vacant store to use as his election quarters. In return for the rent, the owner will promise not only his own vote but will offer to use his influence with his tenants. However, sometimes there's disagreement — such as when a tenant rents his balcony out to the candidate of another party. You can imagine the argument.

One time, the owner insisted the tenant remove the banner of the unwelcome candidate; after all it was his building. But the tenant, in this case a woman, refused to listen: she paid her rent, she could do what she liked in her own house. They screamed at each other, to the great amusement of all the neighbors. Finally somebody called the police to calm things down. With red light flashing and siren screeching, the police car arrived, and was immediately surrounded by a bunch of kids, who blocked the street with their bicycles. The organizer didn't tell me how the police settled the dispute, but it doesn't really matter. Everybody had his say.

After I got back to my studio in Saint-Antoine, I had only to close my eyes to imagine the whole glorious scene and re-create the electoral fever that raged that morning on a street corner in St. Louis district.

Les élections dans Saint-Louis

Elections in St. Louis

Première communion

Rue Saint-Cuthbert, comme dans bien d'autres rues de Montréal, l'approche de Pâques déclenche le signal tant attendu par les futurs communiants: c'est le temps d'aller avec maman dans les magasins pour s'équiper en vue du grand jour. Les fillettes vont essayer des voiles chez madame Dubreuil, la modiste; les garçons choisissent un costume au pantalon bleu foncé comme celui de papa. On s'arrête boulevard Saint-Laurent pour acheter des chaussures neuves et on va chez Teitelbaum pour profiter des aubaines de la grande vente en cours.

Et dans ce quartier Saint-Louis où vivent de nombreuses familles d'origine portugaise ou espagnole, tout le monde sait qui va faire sa première communion.

Pour fêter ce grand jour, une grand-mère a commandé un superbe gâteau chez le pâtissier de la rue Rachel: tout blanc avec le prénom inscrit en belles lettres jaunes.

Comme pour leurs amis canadiens-français, la première communion est un événement d'importance dans la vie de ces enfants. Ils sont les héros de la journée, ceux qu'on photographie et qu'on embrasse à profusion. Une journée de grande joie que je n'ai eu aucune peine à croquer sur le vif.

First communion

On St. Cuthbert Street, as on many another Montreal street, just before Easter those children who are about to make their first communion go shopping with their mothers and get outfitted for the great day. Little girls try on veils at Madame Dubreuil, the hatmaker; the boys choose suits with dark blue trousers just like their fathers'. They stop on St. Lawrence Boulevard to buy new shoes or go to Teitelbaum's to take advantage of the bargains.

In that section of St. Louis where many families of Portuguese or Spanish origin live, everyone seems to know who is making his or her first communion.

To celebrate the great day, a grandmother has ordered a gorgeous cake at the pastry shop on Rachel Street: all white with the child's name inscribed in beautiful yellow letters.

First communion is an important event for these children, just as it has always been for their French-Canadian playmates. They are the darlings of the day, photographed and hugged to death. It is a time of great happiness that I had no trouble at all in sketching from real life.

Le gâteau de première communion   *The first communion cake*

La noce dans l'escalier

A mon arrivée à Montréal, j'ai été étonnée par la présence d'escaliers à l'extérieur des maisons. J'ai voulu les voir de près et même les monter et les descendre. Je trouve qu'ils ajoutent une note de gaieté aux logements les plus simples. On en voit de tous les genres: certains descendent directement sur le trottoir, d'autres — parfois jumelés — partent d'un balcon et décrivent la forme gracieuse d'un six. Il y en a en bois et il y en a en métal. Quelques-uns sont robustes, tandis que d'autres paraissent fragiles. Souvent, dans la cour arrière, ils ont la forme d'un tire-bouchon. L'hiver, ils sont glissants et doivent être entretenus régulièrement et avec soin.

Un samedi, alors que je faisais des croquis dans une rue à l'est du boulevard Saint-Laurent, je vis une noce qui montait l'un de ces escaliers extérieurs menant au second étage d'une maison de briques rouges. La jeune mariée était suivie par son mari et par la parenté. Elle s'arrêta à mi-hauteur pour lancer une fleur de son bouquet à des petites filles qui jouaient sur le trottoir. L'une d'elles attrapa la fleur, traversa la rue en courant et disparut derrière une porte. Quelques instants plus tard, sa maman s'accouda à la fenêtre, la fleur à la main, pour regarder les invités de la noce aller et venir sur le balcon en bavardant bruyamment et en buvant du vin.

The wedding on the staircase

When I arrived in Montreal, I was astonished by the outside staircases. I wanted to examine them up close, to touch them, to run up and down them. They give a touch of fantasy to the simplest dwellings. They come in all styles: some descend straight to the sidewalk, others — sometimes in pairs — leave a balcony and form a graceful six. Made of wood or iron, some are heavy while others seem fragile. In a backlane, they often spiral down like twisted candy. In winter they can be very slippery and have to be cleaned carefully.

One Saturday, when I was sketching on a street just east of St. Lawrence Boulevard, I saw a wedding party going up an outside staircase that led to the second story of a red brick house. The young bride was followed by her husband and by relatives. She stopped halfway up to throw a flower from her bouquet to some little girls who were playing on the sidewalk. One of them caught the flower, ran across the street and disappeared into a house. A few minutes later, her mother appeared at the window, the flower in her hand, to watch the wedding guests on the balcony as they went in and out of the house, laughing and talking and drinking wine.

La noce dans l'escalier   *The wedding on the staircase*

La tour Saint-Jacques

Je suis installée au Québec depuis peu de temps et pourtant j'ai déjà assisté à la disparition de bien des endroits pittoresques à Montréal comme, par exemple, autour de l'intersection des rues Saint-Denis et Sainte-Catherine pour faire place au campus de la nouvelle université du Québec.

Il y a quatre ans à peine, ce quartier était une attraction pour les touristes et les marins de passage. Je me souviens de ces deux jeunes officiers de la Marine japonaise entrant, un soir d'été, au Café Saint-Jacques en compagnie de deux jolies filles en minijupe. Je les voyais depuis le restaurant Geracimo qui fut le rendez-vous favori de générations d'étudiants alors que l'université de Montréal était située juste en arrière, rue Saint-Denis. A part l'église Notre-Dame-de-Lourdes, il ne reste de tout ça que la tour et un portail de l'église Saint-Jacques, miraculeusement épargnés.

J'ai vu tomber l'église Saint-Jacques sous les chocs répétés de la grosse boule de démolition. Ce jour-là, j'ai essayé d'en dessiner la scène mais j'avais le cœur triste. J'ai alors imaginé qu'il y avait là un parc et, dans ce parc, une patinoire pour les enfants du voisinage: en hiver, ce serait un endroit idéal pour jouer au hockey et faire du patin sous la garde tutélaire de la tour Saint-Jacques.

Après tout, le hockey n'est-il pas le sport du Québec?

The tower of St. Jacques' Church

In the short time I have been in Quebec, I have seen many of Montreal's most colorful districts disappear. One of these was the area around St. Denis and St. Catherine Streets — demolished to make room for the campus of the new University of Quebec.

Only four years ago, this quarter was very popular with tourists and sailors. I remember two young officers of the Imperial Japanese navy going into the Café Saint-Jacques accompanied by two pretty girls in miniskirts. I had seen them earlier in the Geracimo Restaurant, a favorite hangout of generations of students because the University of Montreal had once been situated near it on St. Denis Street. These places are gone now. Only the Church of Notre Dame de Lourdes and the tower and entrance of the Church of St. Jacques have been saved.

I watched the Church of St. Jacques crumble under the repeated blows of the big demolition ball. That day, I tried to draw the scene but I had a very heavy heart. So I imagined a park there and in the park a skating rink for the children of the neighborhood; in winter, it would be a great place to play hockey and to skate, with the tower of St. Jacques standing guard.

After all, isn't hockey the sport every young Quebecer feels he just has to play?

Jeunesse oblige   _Youth obliges_

Lundi, jour de lessive

Monday, washday

Lundi, jour de lessive

L'écho des ruelles, le lundi matin, témoigne de beaucoup d'activités. Des femmes jasent à leur aise avec la femme d'en bas ou la voisine d'en face, de l'autre côté de la ruelle. Elles méritent bien quelques instants d'évasion, avant d'étendre la grosse brassée de linge fraîchement lavé et empilé dans la manne en plastique à côté d'elles, tout près de la "moppe" suspendue par les cheveux. Tous ces vêtements suspendus au-dessus de la ruelle se balancent, frétillent, s'amusent follement, comme si chacun d'eux voulait placer son mot. Tout à coup, ils s'arrêtent ou bien claquent au vent.

Dans certaines ruelles, le jour des vidanges arrive aussi un lundi. Cette fois, cela regarde les hommes. Beau temps, mauvais temps, il faut tout descendre à la ruelle quelques minutes à peine avant le passage du camion. Autrement, les chats bouleversent tout! Les sacs de plastique vert commencent à devenir populaires, mais les poubelles marquées de leurs numéros de rue, toutes bosselées, ont encore droit de cité.

Par contraste, les façades des maisons ouvrières présentent un aspect propret et même parfois austère, surtout celles qui sont faites de belles pierres grises.

Un jour, admirant la corniche d'une maison, je reçus le bonjour d'une vieille dame. Je la revis plusieurs fois par la suite, toujours avec son chapeau rose sur la tête, installée dans son fauteuil au pied d'un grand escalier en bois. Elle semblait être la propriétaire de cette maison de trois étages en brique et ne parlait à personne. Son voisin, au contraire, presque toujours un sécateur à la main, ne finissant jamais de tailler sa haie formant le coin de la ruelle, parlait à tout le monde.

Monday, washday

The noise echoing from the backlanes of Montreal on Monday mornings tells you a lot is going on. Women chat with each other, upstairs, downstairs and across the lanes, as they enjoy a few minutes of relaxation before hanging out the clothes — huge tubfuls, freshly laundered and piled in plastic baskets, wait near them, alongside the ever-present mop hanging by the hair.

Clothes strung across the lane wave and move as if they had a life of their own, stopping suddenly and starting up as the wind changes. In some lanes, Monday is also garbage day. Then the men too get in on the act. Good weather or bad, the pails must be carried down to the laneway just a minute or two before the truck passes — so the cats won't get a chance to upset them. Although green plastic bags are growing in popularity, the garbage pails, all banged up and marked with their street number, are still part of the scene.

In contrast to the backlanes, the fronts of houses in working-class districts present a tidy, even austere, appearance — particularly those built of beautiful gray stone.

One day while I was admiring the eves of a house, I was greeted by an old lady. I noticed her several times after that; she always wore a pink hat and sat in an armchair at the foot of a large wooden staircase. She appeared to be the owner of the three-story brick house and spoke to no one else. Her neighbor, however, who was forever trimming her hedge around the corner of the lane, talked to everyone.

La dame au chapeau rose

The proprietor in the pink hat

Une fillette, une poupée, une maison de pierres grises　　　　　　*A doll, a girl and a gray stone building*

les petits magasins

little stores

L'épicerie du coin

Dans les quartiers ouvriers de Montréal et de Québec, l'épicerie du coin grouille d'activités. Ce ne sont certainement pas les flâneurs qui traînent sur le trottoir, près de la porte, qui sont les meilleurs clients, ils ont autre chose à faire, surtout quand une jolie fille passe à portée de leurs yeux!

Dans les vitrines, en plus des spéciaux de la semaine, c'est presque toujours écrit: "Livraison gratuite". Plus bas, coincée entre la vitre et une caisse de savon, une pancarte nous dit: "Livreur demandé". En tout cas, la livraison se fait quand même car, malgré les supermarchés, l'épicerie du coin semble tenir le coup. C'est sans doute parce que c'est à ce seul endroit que, après son travail, on peut trouver de la bonne bière froide. D'ailleurs, c'est aussi écrit dans les vitrines.

Parfois, le propriétaire tolère qu'un marchand de fruits et légumes place son camion tout près. Aussitôt, un attroupement d'enfants et de mamans, avec le petit dernier accroché à leurs jupes, entourent l'arrière du camion. Les fruits et les légumes, empilés dans des paniers, semblent plus frais, du

The corner store

In the working-class districts of Montreal and Quebec City, the corner grocery is a hive of activity — although the best customers are certainly not the young fellows who hang around near the door. They are busy with other things — like watching the pretty girls go by.

In the windows, along with announcements of the week's specials, there is nearly always a card reading: "Free Delivery." Lower down, stuck between the glass and a case of soap, another card says: "Boy wanted for delivery." Somehow or other deliveries do get made, because in spite of supermarkets, the corner store knows how to survive — perhaps because it is the only place where a man can find good cold beer after work. At least, that's what's promised in the windows. Sometimes the owner allows a fruit and vegetable peddler to stop his truck outside. Immediately a bunch of children and mothers, with infants hanging onto their skirts, gather around the back of the truck. The fruit and vegetables piled in the baskets seem fresher — at least they look more attractive — than those inside the grocery, particularly the bananas.

moins plus attrayants que ceux dans l'épicerie, surtout les bananes!

Aussi indispensable l'hiver que l'été, l'épicerie du coin porte généralement sur son enseigne le nom du propriétaire ou celui de la rue. L'épicier travaille le plus souvent en association avec sa femme plutôt qu'avec un étranger. Sa boutique est tout le temps achalandée et la clochette au-dessus de la porte n'en finit pas de vibrer à l'entrée de chaque client.

L'hiver, les flâneurs sont remplacés par les enfants qui se lancent des boules de neige, s'amusent à la glissade ou jouent au hockey de rue. On passe plus vite devant l'épicerie car il fait froid mais l'accueil, à l'intérieur, est toujours aussi amical et chaleureux.

Pour moi, l'épicerie du coin représente toute cette vie de quartier si chaude et ces gens avec lesquels on peut parler.

In winter as well as summer, the corner grocery is popular — and cluttered. The little bell above the door never seems to stop ringing as it signals the arrival of each customer. Outside, the sign usually carries the name of the street or of the owner who will work more often in partnership with his wife than with anyone else. In winter, the idle young men are replaced by children throwing snowballs, sliding on icy patches or playing street hockey. One walks faster past the grocery now because it is cold, but the welcome inside is as friendly and warm as ever.

The whole life of a district is summed up for me in the corner grocery, a place where one can really talk to people.

L'épicerie du coin, en été

The corner store in summer

L'épicerie du coin, en hiver

The corner store in winter

Les petits restaurants

Les petits restaurants de quartier arborent généralement des vitrines où trônent des annonces de cigarettes et de boissons gazeuses, format de famille. A l'intérieur, on y trouve un peu de tout depuis des articles d'épicerie jusqu'à des ouvre-bouteilles en passant par des bonbons de toutes les sortes.

J'en connais un sur la rue Wolfe, en bas du parc Lafontaine, où il y a toute une étagère de bocaux pleins de bonbons, juste au-dessus du congélateur à crème glacée: un paradis pour les enfants et pour moi.... La propriétaire, un peu trop grosse, doit faire une véritable gymnastique pour atteindre avec ses doigts dodus le bocal des bonbons à l'érable ou celui des grosses menthes blanches ou celui des jujubes couverts de sucre. J'aime entrer dans cette boutique car la brave femme est toujours gentille avec moi. Il lui arrive pourtant d'être impatiente devant l'hésitation des enfants à faire leur choix entre tant de merveilles sucrées. La boutique n'est certes pas grande et, plus d'une fois, j'ai dû me faire toute petite pour que la dame puisse sortir une grosse bouteille de *ginger ale* d'une des caisses en bois empilées près de la porte.

The little restaurants

The little restaurants of the district usually decorate their windows with advertisements for cigarettes and soft drinks, family size. Inside you can find a little of everything from groceries to bottle openers and candy of all kinds.

I know one little restaurant on Wolfe Street below Lafontaine Park where there's a whole shelf of jars of candy just above the ice cream freezer. It's heaven for kids — and for me. The owner, a little too plump, has to become practically a gymnast to reach with her chubby fingers the jar of maple buds or of big white mints or of sugar-coated jujubes. I love to drop into this shop because the good-natured woman is always so kind to me, although she does sometimes get impatient with the children when they can't decide what they want from so many marvelous goodies. The shop isn't very large, and more than once I have had to make myself small so that she would be able to get a large bottle of ginger ale out of one of the wooden cases piled up near the door.

Le petit restaurant   Pauline's Restaurant

Au royaume du bœuf fumé   *A delicatessen*

Les boutiques européennes

Autour du boulevard Saint-Laurent, au nord de la rue Sherbrooke, s'étend un quartier de petites rues dont la population a beaucoup changé au cours des années. D'abord canadienne-française, elle a fait place à des juifs de l'Europe de l'est qui ont été plus récemment remplacés par une nouvelle immigration espagnole et portugaise. Cependant, il y a des magasins qui appartiennent encore à des juifs.

Parmi ces magasins, il convient de citer plus particulièrement les *delicatessens,* comme celui de l'avenue Mont-Royal où l'on coupe sous vos yeux de succulentes tranches de bœuf fumé. Avec du pain de seigle badigeonné de moutarde on en fait des sandwiches qui, une fois coupés en deux, prennent, dans notre assiette, la forme du Fuji-Yama, la montagne sacrée du Japon. La plupart de ces casse-croûte sont ouverts jour et nuit à l'usage des chauffeurs de taxi, des bouchers, des poissonniers aussi bien que des gros bonnets du vêtement qui y côtoient leurs ouvriers et ouvrières.

Il existe aussi quelques marchands de volaille qui vous vendent des poules vivantes comme le faisaient autrefois les anciens propriétaires juifs. Aujourd'hui, on y trouve en plus des lapins. Il y a également la grande poissonnerie de la rue Roy où des gens de tous les pays du monde viennent choisir des poissons de toutes les mers du monde.

On trouve encore sur la rue Craig quelques *pawnshops* qui, en plus de prêter sur gage, achètent et vendent tout ce qui est usagé. On annonce en anglais sur leur devanture: "Nous payons les meilleurs prix" ou encore "Avez-vous besoin d'argent?"

Et il y a enfin plusieurs magasins qui font de gros escomptes sur les vêtements en vente: on s'y équipe à bon marché aussi bien pour l'été que pour l'hiver, et on y achète des cadeaux qu'on envoie à la parenté, là-bas, au pays natal.

European stores

Around St. Lawrence Boulevard north of Sherbrooke Street there's a group of little streets whose population has changed a great deal through the years. Originally French Canadian, the area was then settled by Jews from Eastern Europe. Recently they were replaced by a new immigration from Spain and Portugal, but many shops still retain their Jewish flavor.

A singular legacy of the Jewish population is the delicatessen, like the one on Mount Royal Avenue where the juicy slices of smoked meat are cut before your eyes, piled on rye bread smeared with mustard and made into sandwiches. When cut in half on your plate, these assume the form of Fuji-Yama, the sacred mountain of Japan. Most of these snack bars are open day and night for the convenience of taxi drivers, butchers, fish sellers, as well as the clothing manufacturers who rub shoulders there with their workers.

There are also a few poultry merchants who still sell live chickens just like their former Jewish owners ... but now they may have added live rabbits. And at the big fishmarket on Roy Street people from all the countries of the world shop for fish from all the oceans of the world.

Down on Craig Street, the pawnshops not only lend money on articles but also buy and sell. Signs in the front read: "We pay the best prices" and "Do you need money."

There are also dry goods stores offering large discounts on clothing; summer and winter outfits are sold at sale prices. Immigrants buy gifts there to send back to relatives in their native country.

Un magasin plein d'aubaines   *The bargain market*

La boutique du prêteur sur gage   *The pawnshop*

Le marchand de volaille

The live poultry seller

festivités

festivals

La Saint-Jean-Baptiste

Au Québec, la Saint-Jean-Baptiste, c'est jour de fête nationale. Mon mari m'a raconté que, dans son enfance, on assistait en famille le 24 juin au défilé des chars sur la rue Sherbrooke, à Montréal. Je n'ai pas vu ces parades puisqu'elles n'existent plus et qu'elles ont été remplacées par des danses dans le Vieux-Montréal ou par des spectacles sur le mont Royal.

Mais je peux m'imaginer la foule qui acclame le cortège défilant entre les maisons pavoisées de drapeaux multicolores: le blanc et le jaune du Vatican, l'écusson sur fond rouge du Red Enseign et même le tricolore français. Maintenant, c'est le fleur-de-lysé qui règne depuis qu'il est le drapeau officiel du Québec.

On venait de tous les coins de la province et même d'ailleurs pour voir défiler les chars qui racontaient d'une manière ingénue la riche histoire des Canadiens français: les coureurs des bois à la recherche de la fourrure; Madeleine de Verchères défendant toute seule le fort contre les Iroquois; Jacques Cartier et son bateau la Grande Hermine; le major Lambert Closse montant la garde autour de Ville-Marie avec

Saint-Jean-Baptiste Day

In Quebec Saint-Jean-Baptiste Day — June 24 — is *the* holiday. My husband tells me that in his childhood the whole family went to watch the parade of floats on Sherbrooke Street in Montreal. I came to Canada too late ever to see one of those parades; they have been replaced by street dances in Old Montreal and by a musical celebration on Mount Royal.

But I can imagine the crowds that used to applaud as the parade wound its way between buildings draped with flags of many colors; the white and yellow of the Vatican, the coat of arms of the Red Ensign and even the French tricolor. Today, the fleur-de-lys — the official flag of Quebec — is everywhere.

People came from all of the province then, and from even further away, to watch the floats that depicted so charmingly the rich history of French Canadians: the *coureurs des bois* in search of furs; Madeleine de Verchères defending her fort against the Iroquois; Jacques Cartier and his ship La Grande Hermine; Major Lambert Closse standing guard over Ville

son chien Pilote; sans oublier le gouverneur Frontenac; Samuel de Champlain, le fondateur de la ville de Québec; la Rébellion des Patriotes en 1837 et bien d'autres encore. Et il y avait aussi le maire Camillien Houde, personnage haut en couleur et en pittoresque qui en imposait par sa stature et qu'on aimait pour sa bonhomie. A la fin de la parade, on voyait arriver le char du petit saint Jean-Baptiste blond et tout bouclé, en compagnie de son agneau tout blanc. Plus d'une mère de famille rêvait qu'on choisisse son fils pour tenir ce rôle.

Dans la rue, chacun s'installait de son mieux pour ne rien manquer du spectacle. Les autorités civiles et religieuses avaient droit à des estrades placées le long du parcours. Les enfants s'asseyaient généralement sur le rebord du trottoir ou plus spécialement sur les épaules de papa, tandis que des grandes personnes montaient sur les escaliers d'entrée des maisons cossues. Entre le passage de chaque char, défilaient à leur tour des fanfares qui jouaient des airs entraînants et bien connus.

Combien je souffre de ne pas avoir eu la chance d'en faire des croquis et des tableaux pleins de vie...

Bien sûr, les temps ont changé depuis: il n'y a plus de parade de la Saint-Jean-Baptiste. Mais les réjouissances populaires continuent: tout le monde danse, jeunes et vieux, au son de la musique endiablée que déversent dans la rue de nombreux haut-parleurs.

Le 24 juin, c'est toujours fête nationale au Québec.

Marie with his dog Pilote; not to mention Governor Frontenac; Samuel de Champlain, founder of Quebec City; the Patriotes rebelling in 1837, and so much else. The Mayor of Montreal in those days was Camillien Houde, a highly colorful personality, famous for his huge size and loved by everyone for his good spirits. At the end of the parade the last float carried little Saint-Jean-Baptiste himself, his blond hair newly curled, in the company of a pure white lamb. Many a mother dreamed of having her son chosen for that role.

Everyone tried to find a good spot on the street so he would not miss any of the show. The civic and religious leaders used the grandstands set up along the route. The children usually sat in front on the edge of the sidewalk or, better still, on the shoulders of their fathers, while the older people climbed the entrance steps of the expensive houses along the route. Between each float a band marched playing the lively tunes known to everyone.

How I wish I might have had a chance to sketch it and to paint it in all its glory! But times change and although there is no longer a Saint-Jean-Baptiste parade, popular celebrations continue and everybody — old and young — dances in the street to the wild music broadcast from loudspeakers.

The 24th of June remains Quebec's very own holiday.

Festivités de la Saint-Jean-Baptiste

Street dance on Saint-Jean-Baptiste Day

Les petits poissons des chenaux

Vers la fin du mois de février, j'ai toujours l'occasion de voir dans certaines échoppes de la rue Ontario, à Montréal, des paniers en jonc pleins de petits poissons blancs tout gelés qui viennent directement de Sainte-Anne-de-la-Pérade.

J'ai donc voulu assister à cette pêche hivernale. C'est à cette époque en effet que les "petites morues" remontent le Saint-Laurent puis la rivière Sainte-Anne, près de Trois-Rivières, pour y frayer. Sur la glace, on voit des dizaines et des dizaines de cabanes de toutes couleurs, dont la cheminée laisse filer vers le ciel bleu un panache de fumée blanche. Une vision de beauté et de calme qui m'attache encore plus à mon pays d'adoption.

Sur les eaux gelées de cette rivière, on traîne chaque cabane jusqu'à l'endroit choisi et on l'immobilise. Puis, à travers une ouverture dans le plancher, on pratique un trou dans la glace. Bien au chaud, les pêcheurs s'adonnent à leur occupation favorite. Ils fixent leurs lignes à des clous plantés au mur et appâtent les hameçons avec du foie de porc. Ils n'ont plus qu'à attendre que le poisson morde, tout en bavardant entre amis ou parents et en buvant de temps à autre une bonne rasade de gin. Souvent aussi, on voit des familles entières qui viennent pêcher.

C'est vraiment alors la fête au village... sur la glace!

The little fish of the channel

Toward the end of February each year, I noticed that certain small stores on Ontario Street in Montreal had straw baskets full of tiny white frozen fish just arrived from Sainte-Anne-de-la-Pérade. I decided to see how this winter fishing was done.

It takes place each year when the tiny cod travel up the St. Lawrence River and then into the Sainte-Anne River near the city of Trois-Rivières in order to spawn. On the ice one sees hundreds of cabins in all colors, their chimneys sending plumes of white smoke into the blue sky. It is a lovely peaceful scene that made me feel very close to my adopted country.

Each person pulls his cabin across the frozen ice of the river to a chosen spot and sets it up. A hole is made in the ice through an opening in the cabin floor. Comfortable and cosy, the fishermen can then give themselves over to their favorite sport: they attach their lines to nails stuck into the wall and bait their hooks with pork liver; then while they wait for the fish to bite they talk and drink with friends and relatives. Often one sees whole families come to fish.

This is really a village festival — on ice.

Les cabanes sur la rivière Sainte-Anne

Ice fishing near Trois-Rivières

Le temps des sucres

Maple sugaring

temps des sucres

ans mon pays natal, c'est l'hirondelle qui amène le
intemps sur le bout de ses ailes. A Saint-Antoine-sur-
chelieu, le printemps est annoncé par le vieux cheval noir
voisin qui emmène son maître à la cabane à sucre,
rsque la glace du Richelieu commence à céder et que les
emières corneilles croassent à qui mieux mieux. On dirait
e c'est l'animal qui conduit son maître.

temps des sucres est arrivé.

première fois que je suis entrée dans la cabane à sucre, je
ai rien vu car j'ai été aussitôt aveuglée par la vapeur de
au d'érable en ébullition. La deuxième fois, je ne
ublierai jamais car mon chien dénicha un siffleux qui
tait sous la cabane. Il m'entraîna dans une course échevelée
i nous fit côtoyer dangereusement l'évaporateur tout
ûlant, le réservoir plein d'eau d'érable, le petit poêle à
cre et un tas de vieilles chaises à cannage de babiche.

aintenant que je suis initiée, je chausse mes raquettes de
ige dès le passage du cortège et je me rends à l'érablière
n d'assister aux différentes opérations. On chauffe d'abord
au pour la réduire en sirop. Si on continue, on obtient
ors de la tire puis du sucre qu'on coule — encore liquide —
ns des moules en forme de cœur ou de cabane.

ime le cérémonial du fermier lorsqu'il étend en souriant la
e d'érable bouillante sur la neige immaculée. Chacun la
masse avec une palette de bois qu'il lèche avec gourmandise.
ttention de ne pas s'en mettre partout car c'est collant!
ime aussi l'omelette au jambon, les lardons grillés, les
ufs cuits dans le sirop et, bien entendu, le "petit whisky
anc" que le fermier ajoute à l'eau d'érable déjà réduite,
stoire de se désucrer le gosier!

chaque printemps, j'attends avec impatience le passage
vieux cheval noir et de son maître.

Maple sugar time

In my native country, the swallow brings spring on the tips
of its wings. In Saint-Antoine on the Richelieu River, the
coming of spring is announced by the old black horse of a
neighbor who takes his master to the sugar cabin as soon as
the river ice starts to break up and the first crows can be
heard.

Maple sugar time has come.

The first time I entered a sugar cabin, I was so blinded by
the steam that I couldn't see a thing. The second time, I will
never forget because my dog flushed out a groundhog who
lived under the cabin. He led me on a wild chase that took
us dangerously close to the burning hot steamer, the reservoir
full of maple sap, the stove used to heat the sugar and a pile
of old chairs with woven cane seats.

Today I know what to expect, and as soon as I see the old
horse pass I pull on my snowshoes and go up to the sugar
cabin to watch the operation. First the sap is heated to
reduce it to syrup. As the heating continues, one gets first
la tire (a kind of toffee), then a sugar that is poured while
still liquid into molds to make hearts or little cabins.

I love the ritual of the farmer smilingly pouring the bubbling
maple syrup onto the white snow. We pick it up with a
wooden spatula which we lick greedily — and try not to
get it on us because it's very sticky. I like maple syrup with
ham omelets and grilled salt pork; I like eggs cooked in
syrup and, of course, I like that little touch of *whisky blanc*
that the farmer adds to his maple syrup in order — he
says — to clear the throat.

Every spring I wait impatiently for that old black horse and
his master to pass.

Une belle partie d'huîtres

An oyster party

Partie d'huîtres à Sainte-Théodosie

Si vous quittez la route longeant le Richelieu à Saint-Marc et vous allez en direction de Verchères, vous arrivez à Sainte-Théodosie, un tout petit village avec ses ancestrales maisons de pierre, patrie de Calixa Lavallée, auteur de l'hymne national ''O Canada''. C'est là, dans une salle de l'école, que je devais vivre ma première partie d'huîtres par un samedi soir de fin d'octobre. On avait installé des rangées de tables avec, dessus, de longs bancs en bois sur lesquels étaient diposées, sur des nappes en papier, des assiettes en carton remplies d'olives vertes, de branches de céleri, du citron, des cornichons sucrés et du fromage en grains, du bon cheddar. Sur ces tables, entre les pattes des bancs, une montagne d'huîtres nous attendait.

A la hauteur de mes yeux, entre chaque assiette en carton, il y avait des bouteilles de Molson et de O'Keefe et, devant elles, de bons Québécois heureux de vivre et de relaxer un peu, les durs labours d'automne venant de se terminer.

On m'apprit à ouvrir l'huître avec un couteau sans me blesser. Bientôt, je devins experte dans l'art de la gober d'un seul coup. Que c'est bon!

Ce soir-là, j'appris que l'on savait s'amuser à Sainte-Théodosie et que les huîtres du Québec valent bien celles de Hiroshima!

An oyster party at Sainte-Théodosie

If you leave the road that runs along the Richelieu River at Saint-Marc and head toward Verchères, you arrive in Sainte-Théodosie, a tiny village with old stone houses. It is the countryside of Calixa Lavallée who wrote the national anthem, *O Canada.*

There, one Saturday night toward the end of October, I attended my first oyster party. In a school classroom rows of tables had been set up with long wooden benches on top of them. On the benches were paper napkins, paper plates of green olives, sticks of celery and lemons, sweet cucumber pickles and good cheddar cheese cut in squares. On the tables — under the benches — mountains of oysters awaited us. There were also plenty of bottles of Molson and O'Keefe. Here the good people of Quebec seemed happy to be alive and to relax a little after the hard labors of autumn were over.

I was taught to open an oyster with a knife without cutting myself. Finally, I became an expert at the art of swallowing it in one gulp. My, but it was good.

That night I realized that they really know how to have fun in Sainte-Théodosie, and that the oysters of Quebec taste as good as those of Hiroshima.

Le Carnaval de Québec

The Quebec carnival

Le Carnaval de Québec

Avec ses remparts, ses maisons du Régime français, ses lampadaires d'époque, ses portes de ville et ses caveaux, la ville de Québec demeure à jamais le symbole de la Nouvelle-France. Du haut de la terrasse Dufferin, on aperçoit la basse-ville que semblent encore protéger les murs de la Citadelle, cette forteresse commencée par les Français et terminée par les Anglais pour veiller sur le fleuve Saint-Laurent.

Mais c'est surtout en hiver, pendant le Carnaval, que la Vieille Capitale est le plus animée. C'est alors le règne du Bonhomme Carnaval et de la reine nouvellement élue pour l'occasion. C'est aussi le féerique palais de glace, bâti sur la colline face au Parlement. On danse partout dans les rues et, pour se réchauffer, on boit à même ces fameuses cannes rouges et blanches, pleines de "gros gin". Dans le quartier Saint-Sauveur, citadins et touristes venus de partout vont admirer les sculptures de glace érigées sur les trottoirs de la rue Sainte-Thérèse: pittoresque exposition de monstrueux dinosaures, de grosses femmes, de canots de chasse-galerie, de personnages divers, d'animaux gracieux ou grotesques. Une atmosphère fantastique qui devient irréelle, le soir, quand toutes ces sculptures sont brillamment illuminées.

Et les caves si populaires, au sous-sol des maisons de ce quartier... Ici, on oublie tout, on rit et on chante, tassés les uns contre les autres, dans une fumée à couper au couteau. Souvent, on ne prend même pas le temps d'enlever tuque et capot de chat pour participer à l'ambiance. Ensemble, on boit du caribou, mélange fort apprécié de gin et de vin rouge.

Un soir, j'ai vu sortir d'une de ces caves une quarantaine de jeunes Japonais. Ils étaient venus tout droit de Tokyo pour encourager l'équipe de sculpteurs sur glace de Sapporo, invitée à concourir au Carnaval. Quel encouragement!

The Quebec carnival

The City of Quebec — with its ramparts, its houses dating from the French regime, its old lamp posts, its town gates and its cellars — remains the symbol of New France. From the heights of Dufferin Terrace, Lower Town seems still to be defending the walls of the Citadel, that fortress started by the French and finished by the English to guard the St. Lawrence River.

The old capital is liveliest in winter during the carnival... when the city is ruled by the carnival snowman and the newly elected carnival queen. Then a fairy ice palace is built on the hill facing the Quebec Parliament; people dance in the streets and — to warm themselves — drink liquor from the popular red and white canes.

In the Saint-Sauveur district, visitors come from all over to admire the ice sculpture along the sidewalks of Sainte-Thérèse Street: a marvelous exhibition of dinosaur monsters, fat women, boats from the ice race, famous people, and all kinds of animals, beautiful and grotesque. This fantasy world becomes really weird at night when all the sculptures are brilliantly lit by thousands of lamps.

The cellars of the houses in the quarter are thrown open, and people push tight up against each other in smoke so thick you can cut it with a knife. Often nobody even bothers to remove tuques and raccoon hats as they drink *caribou,* a popular mixture of gin and red wine, laugh and sing together.

One night I saw about forty young Japanese come out of one of the cellars. They had just arrived from Tokyo to root for a group of Japanese ice sculptors from Sapporo, who had been invited to compete in the contest. Now that's what I call encouragement!

épilogue

Je me souviendrai toujours de grand-mère pour qui, à Kamakura, les hirondelles annonçaient le printemps. Toute menue et voûtée dans son kimono à manches trois-quarts, elle avait coutume de me dire en regardant le ciel: "Les voilà, le printemps est arrivé... Je les aurai vues encore une fois. Les pruniers seront bientôt en fleur..."

Un certain printemps, les hirondelles sont bien arrivées et les pruniers ont fleuri mais grand-mère n'était plus là... Doux souvenirs.

Je pense à elle lorsque, devant ma table de cuisine à Saint-Antoine, je contemple le Richelieu qui coule devant la maison et que j'aperçois, au début du printemps, le fermier et son vieux cheval noir se dirigeant vers l'érablière. Je ressens à la fois joie et tristesse car le printemps passe pour moi aussi vite que pour grand-mère, au temps de mon enfance.

Bien que le Québec ne ressemble pas au Japon, mille et un détails — à la fois semblables et différents — me rappellent le pays où je suis née.

Ainsi, les élections dans le quartier Saint-Louis ne me font pas oublier celles de Kamakura avec les camions qui défilaient dans les rues en lançant par haut-parleurs des slogans et des marches militaires. Je n'aimais pas du tout ce tintamarre mais, quand j'y repense, je m'attendris sur toute cette gaieté qui régnait alors dans la ville.

epilogue

I shall always remember my grandmother in Kamakura for whom the swallows announced spring. Tiny and bent over in her kimono with the three quarter sleeves, she would look up at the sky and say to me: "There they are. Spring has come. I have lived to see them one more time. Soon the plum trees will be in blossom." Then one spring, the swallows came and the plum trees blossomed but grandmother was no longer there... Bittersweet memories.

I think of her each spring as I sit at my kitchen in Saint-Antoine and look out over the Richelieu River passing in front of my house and wait for the farmer and his old black horse to go toward the maple sugar cabin. I feel both happy and sad because spring passes for me now just as quickly as it did for my grandmother when I was a child.

Even though Quebec is not at all like Japan, a thousand and one little things — at once similar and yet so different — remind me of the country where I was born.

For example the elections in St. Louis make me think of those in Kamakura when the trucks paraded through the streets, loudspeakers blasting out slogans and military marches. I hated the noise then but as I think about it now I feel a certain tenderness for all the gaiety brought to the city.

And those little Montreal restaurants whose kitchens send cooking smells throughout the neighborhood: their one-cent

Et tous ces petits restaurants montréalais dont la cuisine laisse échapper des odeurs qui se répandent dans tout le voisinage et qui regorgent de bonbons à un sou comme dans mon enfance lorsque j'allais marchander l'un de ces délicieux bonbons à l'orange, enveloppé dans un papier transparent spécial qu'on pouvait avaler aussi.

De plus, quand je vais aujourd'hui chez le poissonnier pour satisfaire mes envies de *sashimi* ou de *o-sushi*, je me prends à penser que nous, les Japonais, partageons avec les Eskimos le goût du poisson cru.

Quelquefois me reviennent des souvenirs peu agréables quand je passe devant la boutique d'un prêteur sur gage. En effet, après la Seconde guerre mondiale, il n'y avait pas grand-chose à manger au Japon et bien des gens furent forcés d'aller au *shichi-ya* ou mont-de-piété. Je me souviens, en tant qu'enfant, avoir vu des hommes et des femmes s'y rendre presque en cachette pour vendre ou mettre en gage un kimono ou un obi.

Maintenant que je suis installée à Saint-Antoine, au bord du Richelieu, j'ai appris à aimer le Québec comme si j'y étais née. Chaque jour, je pars en promenade dans les champs ou dans les bois en compagnie de Ton Chan, mon berger allemand, et de Lou Chan, mon loup indien. Je peins ensuite d'après les esquisses et les croquis que j'en rapporte.

Tout est magnifique. Les cabanes à sucre m'attirent autant en été qu'en hiver. Je vois souvent des perdrix, des lièvres et des renards, parfois même des loups, au grand plaisir de Lou Chan. Je me sens vraiment moi-même dans cette ambiance et je trouve le temps de penser. J'en profite pour respirer à pleins poumons l'air pur de la campagne avant de retourner en ville dans les quartiers ouvriers, pour y faire mes croquis.

candy reminds me of the delicious little orange candies I used to bargain for as a child — wrapped in a special transparent paper that could be eaten too.

And when I go to the fishmarket to satisfy my desire for *sashimi* or *o-sushi*, I am struck by how we Japanese share a taste for raw fish with the Eskimos.

Sometimes the memories are less happy — like when I pass in front of a pawnshop. After World War II, there was not very much to eat in Japan and many people were forced to go to the *shichi-ya* or pawnshop. I remember as a young child seeing men and women going in furtively to sell or pawn a kimono or an obi.

Now settled in Saint-Antoine on the banks of the Richelieu I have learned to love Quebec as if I had been born here. Each day I set out for a walk in the fields or in the woods accompanied by Ton Chan, my German shepherd, and Lou Chan, my Indian wolf. Afterward I paint from the sketches and drawings I have made.

It is all quite wonderful. The sugar cabins attract me as much in summer as winter. I often see partridges, rabbits and foxes, sometimes even a wolf to the great delight of Lou Chan. I really feel at peace with myself in this setting and I have time to think, and I breathe deeply of the pure country air before going back to the city to make more sketches of its people.

Chez le poissonnier   *At the fishmarket*